글 안 라란느 Anne Lalanne

오늘의 아이들이 내일의 국가라고 여기는 교사입니다. 초등학교에서 아이들에게 자신만의 커리큘럼으로 철학의 가치를 알리고 있습니다. 《초등학교에서 철학 만들기》라는 책을 썼습니다.

그림 티에리 마네스 Thierry Manes

프랑스 남부 출신의 일러스트레이터입니다. 귀여운 어린이와 동물 그림 그리기를 좋아합니다. 국내에 소개된 작품으로는 《오늘도 궁금한 것이 많은 너에게》가 있습니다.

옮김 장석훈

대학과 대학원에서 철학, 프랑스문학, 비교문학을 공부했습니다. 책을 쓰고 옮기는 일을 하고 있습니다. 지은 책으로 《생각의 말들》, 《자유, 평등, 박애의 나라 프랑스 이야기》, 《세상을 알게 한 문자》 등이 있으며, 옮긴 책으로 《미생물》, 《지구인이 우주로 가는 방법》, 《내 방 여행하는 법》 등이 있습니다.

Et toi, qu'est-ce que tu en penses ? - La mort, c'est quoi ?

by Anne Lalanne (Author) and Thierry Manes (Illustrator)
Copyrights © Hachette Enfants / Hachette Livre, 2020
All rights reserved.
Korean translation rights © Dasan Books, 2024
Korean translation rights are arranged with Hachette Livre through Amo Agency Korea.

이 책의 한국어판 저작권은 AMO 에이전시를 통해 저작권자와 독점 계약한 다산북스에 있습니다.
저작권법에 의해 한국 내에서 보호를 받는 저작물이므로 무단 전재와 무단 복제를 금합니다.

질문의 힘을 길러 주는 맨 처음 철학 교실 ③

삶과 죽음이라는 건 뭘까?

안 라란느 글 | 티에리 마네스 그림 | 장석훈 옮김

다산
어린이

사람은 언젠가는 죽어요….

할아버지가 돌아가셨을 때,
아빠가 많이 우셨어.

내 사촌 레오는 라티스라는
개를 키웠거든. 그런데 그만
큰 병에 걸려 죽고 말았어.
나중에 다른 개를 입양했고,
이젠 슬퍼하지 않아.

아빠가 어릴 때 할머니가
사고로 돌아가셨는데,
그때 아빠가 많이 슬퍼하셨대.

아기들도 말하고 움직이는 것을 보면
로봇 장난감이랑 비슷한데,
왜 아기들은 살아 있다고 할까?

**여러분 생각은 어떤가요?
왜 그렇게 생각하나요?**

세상에는 동물, 식물, 광물*, 인간 등이 있어요….

이 중에는 살아 있지 않은 것도 있어요.

물건이나 광물, 돌 같은 것엔 생명이 없어요.
그것들은 저절로 변하지 않아요.
자라거나 나이를 먹지도 않고
새끼나 알을 낳을 수도 없어요.

물건이 부서지면
우리는 그것을 버리거나 재활용해요.

광물은 박물관에 두기도 하고
돌이나 조개껍데기 같은 것은 취미로 모으기도 해요.

살아 있지 않다면 죽지 않아요.

*광물: 금, 은, 철 등과 같이 자연에서 생기는 금속을 말해요.

살아 있는 것도 있어요.

나무, 꽃, 채소, 과일 같은 **식물**도 생명이 있고
땅이나 물속, 하늘에 사는 **동물**도 생명이 있어요.
당연히 인간에게도 생명이 있어요.

이들에겐 한 가지 공통점이 있어요.
태어나고, 성장하고, 아기를 낳을 수 있고,
죽는다는 거예요.

살아 있는 것은 죽어요.

시암의 이모는 저 멀리 오스트레일리아에 살고 있어요.
시암은 이모를 보고 싶어 해요.
"그럼, 이모가 돌아가신 것과 차이가 없네!"
에르완이 말해요.

**정말 차이가 없을까요?
여러분은 어떻게 생각하나요?**

우리는 여행을 떠난 사람과 소식을 주고받을 수 있어요.
전화나 인터넷으로 그 사람의 목소리를 들을 수도 있고, 문자를 주고받을 수도 있어요.
멀리 있는 사람으로부터 소식이 오면 **어떤 기분이 드나요?**

시암은 이모가 보고 싶지만 슬프지는 않아요.
하지만 마리용의 아빠는 어릴 때 돌아가신 할머니 생각에 슬퍼해요.
왜 다를까요? 그 까닭을 이야기할 수 있나요?

떨어져 있는 건 잠깐의 헤어짐이에요.

사람이나 반려동물이 곁에 없으면 그리워져요.
하지만 소식을 주고받을 수는 있지요.
언젠가는 곁에 돌아올 테니
다시 만나면 반가울 거예요.

죽음은 영원한 헤어짐이에요.

사람이나 반려동물이 죽으면
우리는 더 이상 그들과 대화하거나 볼 수 없어서
마음이 아프고, 슬프고, 눈물을 흘려요.
다시는 만날 수 없으니까요.

죽음은 잠과 달라요.

"작은 새가 죽어 있는 것을 봤어." 티보가 말해요.
"잠을 자는 것 같더라고. 죽음은 잠과 비슷한 게 아닐까?"

개나 고양이가 잘 때 어떤가요?
그들은 자면서도 가끔 몸을 꼼지락거리지 않나요?

잠을 자면서도 우리 몸은 계속 움직여요.
눈은 감고 있지만 심장은 계속 뛰지요.
숨도 쉬고, 뒤척이기도 하고,
어떤 때는 주변에서 나는 소리를 듣고 깨기도 해요.
그리고 꿈도 꾸고요….

그렇지만 죽으면, 심장은 더 이상 뛰지 않아요.
심장이 뛰지 않으면 우리 몸은 활동을 멈춰요.

죽음이란 삶이 멈추는 거예요.

우리 삶은 한 번밖에 없어요.

우리 할아버지는 살아 계실 때, 아픈 동물을 잘 돌봐 주셨대.

좋아하는 일을 하거나 다른 사람에게 도움을 줄 때
우리는 행복한가요?

자신이 좋아하는 일을 하는 것이
왜 중요할까요?

친구들과 함께 장난감을 가지고 놀고, 동물들을 보살피고,
친구나 형제를 위로하고, 어린 동생을 챙겨 주고….

좋아하는 일을 하는 건
나 자신과 다른 사람들을 위해 중요해요.

우리의 삶을 뜻있게 해 주거든요.

죽음이 있기에 기억은 소중해요.

시암은 지난 여름 방학에
할머니 댁에서 지낸 일을 떠올리며 미소를 지어요.
아침마다 할머니가 차려 주신 버터와 꿀을 바른 빵이
정말 맛있었거든요.

**사랑하는 사람들과 행복했던 기억이 있나요?
어떤 것들이었나요?**

부모님과 함께 할아버지가 좋아하시던 음식을
만들어 본 적이 있나요?
그럴 때는 어떤 기분이 들까요?

세상을 떠난 사람들 덕분에 무언가를 배웠던 적이 있나요?
그때의 기억을 떠올리면 행복한가요, 아니면 슬픈가요?

사람이든 동물이든 저마다의 성격과 개성이 있어요.
지금은 세상을 떠난, **사랑했던 사람들을** 기억해 보세요.
그들의 어떤 점이 특별했는지, 그들과 무엇을 했는지,
함께 한 좋았던 순간들을 떠올려요.
그러면 **슬픔을 덜** 수 있어요.

그들에 대한 기억이
우리 마음속에 있으니까요.

여러분은 어떻게 생각하나요?

여러분은 어떻게 생각하나요?

여러분은 살아 있나요? 살아 있고 생명이 있는 것의 가장 큰 특징은 죽는다는 거예요. '삶과 죽음'에 대한 여러 질문에 답해 보며 그 의미를 생각해 보아요.

 첫 번째 질문　　　　　　　　　**살아 있다는 건 뭘까요?**

이 세상은 생명이 있는 것과 생명이 없는 것으로 이루어져 있어요. 각각을 '생물'과 '무생물'이라고 부르기도 하죠. 생명을 갖고 태어난 모든 것은 죽기 마련이지요. 다음 내용들을 생물과 무생물로 구분해 보아요.

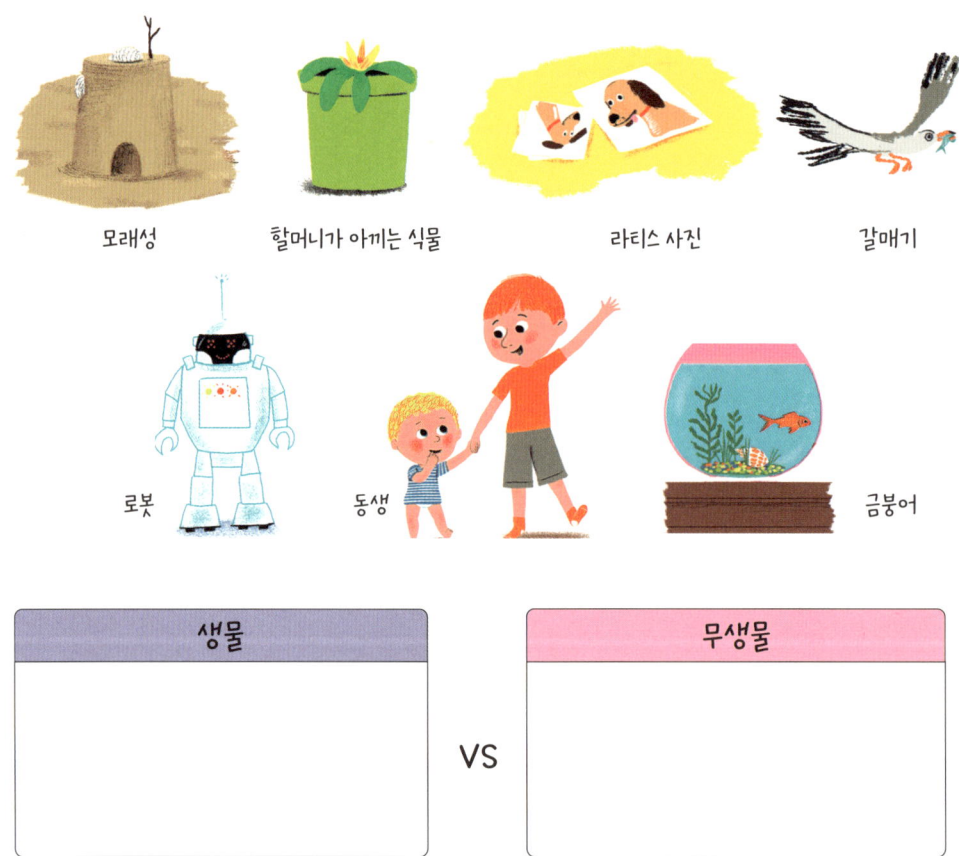

모래성　　할머니가 아끼는 식물　　라티스 사진　　갈매기

로봇　　동생　　금붕어

생물	무생물

VS

두 번째 질문   두 번 살 수는 없나요?

우리 삶은 딱 한 번 주어져요. 물릴 수도 없고 돌이킬 수도 없어요. 이런 삶을 우리는 어떻게 살아야 할까요? 버킷 리스트란 우리가 죽기 전에 꼭 하고 싶은 일을 적은 목록을 말해요. 여러분의 버킷 리스트를 만들어 보아요.

_____의 버킷 리스트

하고 싶은 일	난이도	완료
• 놀이공원 가기	★★☆	✓
•	☆☆☆	○
•	☆☆☆	○
•	☆☆☆	○
•	☆☆☆	○
•	☆☆☆	○
•	☆☆☆	○
•	☆☆☆	○

시간을 내어 차분한 마음으로 우리의 삶을 어떻게 살아가면 좋을지 생각해 보면 좋아요.

세 번째 질문   사랑하는 사람이 죽으면 어떻게 해요?

사랑하는 사람을 떠나 보낼 때 우리는 큰 슬픔을 느낄 수밖에 없어요. 죽음으로 인한 이별의 슬픔을 이겨낼 수 있는 방법은 그들과의 행복했던 시간들을 오래도록 기억하는 거예요. 그러려면 무엇보다 그들과 행복한 추억을 많이 만들어야겠죠? 소중한 추억을 기록으로 남겨 보아요.

⭐ 함께한 날짜:
⭐ 장소:
⭐ 사랑하는 사람:

느낀점:
....
....

좀 더 알아 보아요

죽은 자의 날

멕시코인들은 죽음에는 세 단계가 있다고 믿어요. 첫 번째는 심장이 멈췄을 때, 두 번째는 묘지에 묻혔을 때, 세 번째는 모든 이에게서 잊혀졌을 때예요. 멕시코인들은 '죽은 자의 날'을 만들어 축제를 벌이며 세상을 떠난 이들을 오래도록 기억하고자 합니다. 그들을 기억하는 한 그들은 영원히 죽지 않는 것과 다름없을 테니까요.

네 번째 질문   모든 생명이 소중하다고요?

지구는 사람뿐 아니라 모든 생명체가 주어진 삶을 누리는 데 꼭 필요한 터전이에요. 지구는 여러 생물들이 서로 적응하고 관계를 맺으며 어우러져 살아가요. 지구 환경이 파괴되면 생명을 가진 우리들은 건강한 삶을 이어 가기 어렵답니다. 지구를 지킬 방법을 요일별로 정해 실천해 보아요.

"지구를 지켜라!"
★ 월화수목금 지구 수호 챌린지 ★

월	플라스틱 빨대는 쓰지 않아요.
화	
수	
목	
금	
토	
일	

생태계에 가장 큰 위협이 되는 건 사람일지도 몰라요. 지구 온난화 같이 사람이 만든 환경 문제의 피해는 결국 우리에게 돌아온답니다.

맨 처음 철학 교실 3
삶과 죽음이라는 건 뭘까?

초판 1쇄 인쇄 2024년 6월 5일
초판 1쇄 발행 2024년 6월 20일

글 안 라란느 **그림** 티에리 마네스 **옮김** 장석훈

펴낸이 김선식
펴낸곳 다산북스

부사장 김은영
어린이사업부총괄이사 이유남
책임편집 박정민 **디자인** 김은지 **책임마케터** 안호성
어린이콘텐츠사업1팀장 박정민 **어린이콘텐츠사업1팀** 김은지 박세미 강푸른
마케팅본부장 권장규 **마케팅3팀** 최민용 안호성 박상준 송지은
미디어홍보본부장 정명찬
편집관리팀 조세현 김호주 백설희 **저작권팀** 한승빈 이슬 윤제희 **제휴홍보팀** 류승은 문윤정 이예주
재무관리팀 하미선 윤이경 김재경 이보람 임혜정
인사총무팀 강미숙 지석배 김혜진 황종원
제작관리팀 이소현 김소영 김진경 최완규 이지우 박예찬
물류관리팀 김형기 김선민 주정훈 김선진 한유현 전태연 양문현 이민운

출판등록 2005년 12월 23일 제313-2005-00277호
주소 경기도 파주시 회동길 490
전화 02-704-1724 **팩스** 02-703-2219
다산어린이 카페 cafe.naver.com/dasankids **다산어린이 블로그** blog.naver.com/stdasan
종이 스마일몬스터 **인쇄 및 제본** 상지사 **코팅 및 후가공** 제이오엘앤피

ISBN 979-11-306-4509-4 74100

- 책값은 뒤표지에 있습니다.
- 파본은 본사 또는 구입한 서점에서 교환해 드립니다.
- KC마크는 이 제품이 공통안전기준에 적합하였음을 의미합니다.
- 아이들이 책을 입에 대거나 모서리에 다치지 않게 주의하세요.
- 이 책은 저작권법에 의하여 보호를 받는 저작물이므로 무단 전재와 복제를 금합니다.